Círculo Rojo

Quizás, el corazón nunca olvida

Quizás, el corazón nunca olvida

Iván Pacheco Seliva

Círculo Rojo
EDITORIAL

Primera edición: enero 2024

Depósito legal: AL 3698-2023

ISBN: 978-84-1061-047-7

Impresión y encuadernación: Editorial Círculo Rojo

© Del texto: Iván Pacheco Seliva
© Maquetación y diseño: Equipo de Editorial Círculo Rojo

Editorial Círculo Rojo
www.editorialcirculorojo.com
info@editorialcirculorojo.com

Impreso en España — Printed in Spain

Prólogo

Cuando los docentes vemos progresos académicos o personales en la vida de nuestros alumnos, nos sentimos plenamente realizados con la enorme satisfacción de haber acompañado y orientado al pupilo para la consecución de sus logros.

Sin duda, Iván supone un ejemplo en toda regla, una persona entusiasta, con afán de superación y todo ello aderezado con su espíritu emprendedor.

Seguramente, esa mezcla es la que propició que Iván se lanzase al enorme reto de escribir el relato que tenéis en vuestras manos, y en el que se plasma el entusiasmo y la energía de quien comienza y arriesga en el mundo de las letras.

Recogen estas líneas emplazamientos de su vida personal y de su ciudad natal, La Línea de la Concepción. Una historia donde se mezclan las vicisitudes de la vida, y una historia de amor de las que perduran en el tiempo y que todo lo pueden.

Una novela amena y fácil de leer que te dejará con ganas de más. Esperemos que sea la primera de una prolífica creación literaria.

Jimena de la Frontera, noviembre de 2023

Juan José Rondón

Mi fascinación por aprender todo lo que podía creo recordar que me viene desde pequeño. Empecé a escribir gracias a la música. Acompañado de mi guitarra Lolita, escribía mis primeras letras, canciones que casi nunca mostraba a nadie; el miedo al rechazo podía conmigo. Con los años, abandoné un poco las letras, no la guitarra. Siempre he leído bastante y el gusanillo de escribir una historia siempre lo tuve, pero supongo que, por ese miedo al rechazo, pues nunca me aventuré. Hace cosa de un año empecé a escribir relatos cortos (algún día los uniré todos y haremos algo con ellos) y esta novela corta iba a ser uno de esos relatos cortos de unas mil palabras más o menos, pero se fue alargando hasta llegar a lo que hoy tenéis en vuestras manos, mi primera novela corta.

Espero que la disfrutéis tanto como yo he disfrutado escribiéndola.

Iván Pacheco Seliva

Para mi princesa, con tan solo mirarte, mil historias me vienen a la mente siendo tú la protagonista. Tú eres la inspiración más bonita de mi vida.

Capítulo 1
Entre tableros de madera, chapas, cañaverales y pencas

—Buenas tardes, mi nombre es Rafael, aunque todo el mundo me conoce por Fali. Hoy hace treinta y siete años que ya no consumo.

Todos los presentes en la reunión se levantaron y empezaron a aplaudir. Fali llevaba asistiendo a estas reuniones la friolera de treinta y nueve años, ya no sentía necesidad de consumir desde hace muchísimo tiempo, pero sentía que asistiendo a estas reuniones ayudaba a otros a poder salir de este agujero del que tanto cuesta salir.

Rafael Gómez, nacido el 27 de septiembre del 1956 bajo la sombra del peñón, en el viejo barrio de chabolas del castillo; allí creció junto a sus dos grandes amigos, el Negro y el Rubio. Juntos aprendían de la vida entre tableros de madera, chapas, cañaverales y pencas. A la edad de doce años, la vida se basaba en descubrir a diario la dureza y, al mismo tiempo, la afabilidad del mundo que les rodeaba.

En una mañana calurosa de principios de verano del año 1968, el trío de amigos decidió bajar a la playa para echar un «chambelito» en las piedras que formaban parte de uno de los cañitos que había en el rebalaje. Allí, echando la mañana bajo el sol de junio y con la suave brisa que venía del levante, los tres chicos se repartían una cerveza que el Negro había robado de su casa a sabiendas de que luego tendría su correspondiente castigo. A lo lejos, un grupo de cinco niñas se daban un baño, seguramente a escondidas de sus padres. Los tres chicos se miraron y no hizo falta decirse nada para saber lo que los tres estaban pensando.

Se acercaron al grupo de chicas dejando el sol de media mañana a su derecha. Al llegar, fue fácil entablar conversación con ellas; el grupo de chicas también había echado el ojo a los chicos desde lejos y empezaron a hacer más ruido para llamar su atención (el plan les había salido bien). Allí junto a ellas pasaron la tarde. El Rubio, que era el más llamativo del grupo, con sus ojos azules y su pelo lleno de trazas del sol de media mañana, tenía a casi todas las chicas alrededor de él, pero una de ellas desde el principio se había fijado en Fali. Algo de él le llamaba mucho la atención, quizás fuera el simple hecho de que él no le hizo mucho caso al llegar, o tal vez eran esos ojos verdes junto al bronceado veraniego de su piel lo que hacía requebrar su corazón adolescente. Poco a poco y con su poder de atracción, la chica fue camelándose a Fali hasta tal punto que consiguió apartarlo del grupo y se fueron los dos solos a donde el cañito.

Allí, solos los dos, bajo la única mirada de las gaviotas que los sobrevolaban y el frescor de las aguas del Mediterráneo mojando sus pies, se dieron ese primer beso de juventud que nadie puede llegar a olvidar jamás. Las horas fueron pasando entre tímidos besos y alguna caricia descuidada por parte de Fali.

Cuando se percataron, ya estaba anocheciendo y las chicas cayeron en la cuenta de que sus padres andarían buscándolas. Se despidieron rápidamente y las cinco chicas se alejaron de allí. Cuando ya estaban a unos cien metros de los chicos, Soledad, que ese era su nombre, se detuvo, se dio media vuelta y alzó la mano derecha despidiéndose mientras dijo:

—Mañana nos vemos a la misma hora.

Las bromas no pararon en todo lo que quedaba de tarde entre los chicos, dándole besos y abrazos a Fali.

Durante toda la noche, él solo podía pensar en el calor de esos besos con sabor a mar, en su pelo negro y en el tacto de su piel. No fue capaz de dormirse sin soñar con ella, imaginaba cómo sería la siguiente tarde en la playa junto a ella.

Desde muy temprano, Fali la esperó sentado sobre el cañito, testigo de los besos inexpertos del día anterior, las horas fueron pasando, pero allí no llegaba nadie. Al mediodía, llegaron sus dos amigos preguntándole qué hacía allí. Este no contestó, solo se dedicó a mirar al horizonte azul buscando entre las ondas del mar alguna respuesta que calmara la tristeza que abarrotaba su corazón. Sus dos amigos, al verlo tan decaído, opinaron que por qué no iban a buscarlas y pedirle explicaciones por dejar tirado a su amigo. Aunque en primera instancia Fali no quería, al final los dos lo convencieron para ir a buscar al grupo de chicas. Durante toda esa tarde y muchas más que vinieron después, los tres chicos no pararon de buscar a las chicas sin éxito; es como si la tierra se las hubiese tragado. El verano pasó, pero la melancolía no desaparecía del corazón de Fali, y es que en tan solo cuarenta y ocho horas había conocido lo que era la pasión y aflicción del amor.

El tiempo no pudo hacer olvidar a Soledad de su cabeza, ni mucho menos lo logró de su corazón. Algunas noches soñaba con ella, podía tocarla, besarla y hasta oler su cabello. Cuando despertaba de estos sueños, el mundo le parecía el sitio más cruel del universo.

Una tarde del mes de octubre, al llegar a las chabolas, Fali encontró a sus padres y en sus caras se podía ver la expresión de alegría a niveles como nunca antes lo había visto. Estos les contó que mañana se irían por fin de la «barraca» donde vivían ellos con sus tres hermanas pequeñas, pues el gobierno de Franco les había otorgado una de esas casas que habían construido en lo que se conocía por el barrio del sagrado corazón de Jesús, más conocido por Los Junquillos.

—¡Por fin vas a poder tener una habitación y hasta vamos a tener un cuarto de baño! —le dijo su madre llena de emoción.

—¿Al Negro y al Rubio también les han dado casa?

—No, hijo, aún no, pero no te preocupes, pueden venir cuando quieran.

En esa mañana todo pasó muy deprisa. Cuando despertó, ya estaba todo preparado para marcharse. Al salir al llano que se encontraba delante de la chabola, se encontraban la gran mayoría de los que eran hasta entonces sus vecinos y todos allí se despidieron de ellos entre besos y abrazos. Sus dos amigos también estaban allí, pero estos no se acercaron a él, lo miraban con recelo (como si él tuviera la culpa de que se marcharan a vivir a otra parte).

Al llegar a Los Junquillos, la familia miraba sin poder creerse que esa iba a ser su casa, ¡tenía dos plantas! Para ellos esa casa era como una mansión en comparación de donde venían. Se instalaron pronto, pues pocas eran sus pertenencias (cuatro trapos mal contados) y algunas herramientas de su padre y poco más. Su padre les comentó a sus cuatro hijos que al día siguiente comenzaban en el colegio que tenían justo enfrente de la casa.

—Y yo para qué quiero estudiar, si ya mismo me puedo ir contigo a Gibraltar a trabajar

—Pues tienes que ir, mañana por la mañana, a estudiar a la escuela; por lo menos, aprenderás algo y podrás ser un hombre de provecho el día de mañana.

—¡Pues vaya mierda!

No llegó a terminar la frase cuando su padre le propinó una bofetada. Sus tres hermanas lo miraban con los ojos abiertos de par en par. Sin mediar palabra alguna, él agachó la cabeza, subió a la que sería su habitación, se tumbó en unas mantas que hacían de improvisada cama y durmió hasta el siguiente día.

Esa noche no soñó con Soledad.

Capítulo 2
Nunca te quise dejar esperando

Tumbado en el suelo, bocarriba, mirando al techo desconocido para él, así estuvo varios minutos pensando en cómo habían abandonado todo sin mirar atrás. Claro estaba que era para mejorar sus vidas, pero él se sentía como un traidor, abandonando allí a sus dos amigos; ellos ni siquiera se acercaron para despedirse de él.

—Seguimos viviendo en el mismo pueblo, tampoco es para tanto —dijo en voz baja, disculpándose, como si sus amigos estuvieran allí con él.

Su madre lo llamó para que bajara a desayunar antes de su primer día de colegio. Cuando llegó abajo, donde sería la cocina de su nueva casa, estaban su madre y sus hermanas degustando un buen plato de «cuécaro» con algo de leche. Él se sirvió también un buen plato.

—Cuando llegues a la escuela, tienes que buscar al director y él te dirá cuál es tu clase y la de tus hermanas.

—Vale. Hay que tener ganas de ir ahora a la escuela.

Cuando los cuatro hermanos llegaron al colegio, Fali fue en busca del director. Allí estaba él, sentado en su oficina desprendiendo olor a tabaco negro desde buena mañana. Les mostró primero a las niñas cuál sería su clase, a cada una de ellas, y por último acompañó a él a la que sería su aula de estudios a partir de ahora. Al abrir el señor director la puerta de la clase, todos los niños se pusieron en pie. Entró con la cabeza agachada mirando al suelo y se sentó en unas de las sillas de la fila de atrás. No hubo ninguna presentación oficial del chico nuevo de la clase. Allí entraban casi a diario chicos y chicas, esto era el pan de cada día. Ya sentado y escuchando de fondo al profesor, empezó a mirar las cabezas de los que ya eran sus compañeros. La mayoría eran chicos, pero también había algunas chicas. El profesor, en unas de estas, preguntó al grupo de niños y niñas:

—¿Alguno es capaz de decirme las provincias de Andalucía?

—Yo, maestro: Almería, Cádiz, Córdoba, Granada, Jaén, Sevilla, Huelva y Málaga.

Al escuchar esa voz, se le erizaron todos los bellos del cuerpo a Fali. ¿Era ella? Miró a la chica que estaba de espaldas tres filas de mesas por delante de él y sin duda alguna ese pelo solo podía ser de su amada Soledad. Se quedó allí mirando sin poder ni respirar durante algunos segundos; los nervios se apoderaron de él. Hasta llegar la hora del recreo se quedó mirándole su pelo desde la barrera de seguridad que le daba las espaldas de sus nuevos compañeros ejerciendo de improvisadas trincheras. Cuando sonó la sirena que marcaba la hora del recreo, todos los niños salieron corriendo al patio. El último en levantarse sería Fali. Se encontraba solo en clase y cuando al fin pudo incorporarse, salió en busca de Soledad al patio. Aún sentía el nudo en el estómago y no se le quitó hasta pasado unos diez minutos de búsqueda sin ningún resultado.

—No puede ser que no la encuentre, estoy seguro de que era ella.

Volvió a sonar la sirena, esta vez era para que volvieran a clase. Al entrar, él la vio allí, sentada en la misma silla donde estaba antes del recreo. Se sentó en su pupitre y se dio cuenta de que en su bolso había un papel con varios pliegos; al abrirlo, unas letras:

Nunca te quise dejar esperando, mi padre se enteró y me castigó sin salir, perdóname. Te espero a las cuatro por la parte de atrás del colegio.

Se le abrieron los ojos como platos, alzó la mirada hasta donde se sentaba ella y allí mirándolo, con sonrisa picarona, le guiñó un ojo y se dio la vuelta para no hacerle más caso en todo el tiempo de clase.

Dieron las dos de la tarde y todos los niños salieron corriendo de clase para sus casas. Fali no llegó a ver por los pasillos a Soledad; sí encontró a sus hermanas y se fueron juntos para su nueva casa.

Al llegar, su madre ya les tenía la comida preparada. Comió tan rápido como le fue posible y subió a ver qué ropa podría ponerse para estar más presentable. Su impaciencia siempre le hacía llegar a los sitios mucho antes que los demás y hoy no iba a ser distinto. Un cuarto de hora antes ya estaba allí, quince minutos más de autoflagelación imaginándose qué es lo que puede ocurrir cuando aparezca ella. No habían pasado ni cinco minutos esperando cuando la vio aparecer. Ella llevaba puesta la sonrisa más bonita que jamás había visto ni verá en el resto de sus días. Se detuvo frente a él, no habló, solo agarró sus manos, le miró a los ojos y lo besó. El tiempo se paró.

Vistos desde fuera, eran dos críos dándose un beso a escondidas. Desde la visión de ellos, eran dos amantes escondiéndose de sus padres, descubriendo acaloradamente el amor y la pasión juvenil, imaginando ser George Peppard y Audrey Hepburn besándose en *Desayuno con diamantes*.

Juntos pasaban los días, entre besos, caricias e inmortales miradas, donde podían leerse de cada uno de ellos que esto era amor único y verdadero, que primer amor no lo es. Algunos días, cuando el tiempo acompañaba, los dos tortolitos salían en busca de sus dos amigos donde las chabolas y allí pasaban la tarde con ellos, aunque cada vez eran menos los días que se pasaban por allí, y eso a los dos amigos no les hacía mucha gracia, pero llegaban a entenderlo: su amigo estaba enamorado y ante eso no se podía hacer nada.

Horas, días, semanas, meses fueron pasando encerrados en su burbuja de amor. Nunca dejaban pasar la oportunidad de verse, de estar juntos. Cada instante era oro puro para los dos.

Llegando la temporada de calor, Fali fue adonde los cañaverales y pasó una tarde entera construyendo una cabaña de cañas donde pasar las tardes más fresquitos. Solo medía unos tres metros de ancho por dos de largo, pero para ellos era su castillo infranqueable donde poder estar ocultos de las miradas maliciosas de los vecinos del pueblo. Dentro de su castillo, como ellos lo llamaban, hablaban de sus cosas, jugaban a las cartas y se zambullían en abrazos llenos de besos perpetuos que dejaban muescas en sus corazones que jamás podrán sanar por más besos y abrazos que otros puedan darles en los años venideros, pues este es su primer amor, una amistad extraordinaria llena de calor y veneración del uno por el otro. Un búnker donde no tiene cabida la intranquilidad y donde la concordia los envuelve.

Capítulo 3
Cierre de la verja

En la mañana de la primavera del 8 de junio del año 1969, se llevó a cabo por el gobierno de España el cierre de la verja fronteriza con Gibraltar. Esto fue un hecho histórico que cambiaría la vida de muchos linenses que trabajaban dentro de las fronteras del país vecino. A muchas familias de nuestro pueblo les tocó vivir un éxodo en busca de la faena perdida gracias a esa decisión nada fructuosa.

Una de esas familias que se vieron obligadas a salir de su Línea querida fue la de Soledad. Su padre llevaba varios años trabajando en los astilleros de Gibraltar y esto les había otorgado una estabilidad económica que de un día a otro, sin esperarlo, se perdió. La decisión de salir en busca de esta seguridad económica fue activada de inmediato por el padre de Soledad. Barcelona era el destino: la ciudad condal sería su nueva casa, un nuevo hogar donde no le faltaría nada, pero donde no podría llevarse a su querido compañero de pasiones con ella. Lloró desconsoladamente a lágrima viva durante horas, no solo por Fali, también perdería a todas sus amigas, pero no había vuelta atrás a la decisión tomada por sus padres, en dos días saldrían de su pueblo querido en busca de suerte, al igual que lo hicieran muchas más familias afectadas por el mismo juego cruel del destino.

Fali se encontraba en esa tarde de primavera pescando con sus dos amigos donde conoció hace cerca de un año a su querida

Soledad. Nada podía hacerle presagiar que ese día recibiría una noticia que cambiaría su vida por completo. Sobre las seis de la tarde dejó la pesca y se dirigió a su castillo privado para descansar a la sombra antes de emprender el camino de vuelta a su barrio y encontrarse allí con su amor. Al llegar, se percató de que la madera que hacía de puerta estaba abierta. Al asomarse, en el interior pudo verla allí sentada. Algo distinto había en su mirada, sus ojos no mostraban ese brillo hipnótico de siempre, algo ocurría en el interior del alma de Soledad.

—¿Pasa algo?

—Me voy a vivir a Barcelona —lo dijo con la cabeza agachada, no podía mirarlo a la cara, sabía el dolor que causarían estas palabras.

—Pero ¿cuándo?

—Pasado mañana, mi padre ya tiene trabajo allí y no quiere dejarlo pasar por más tiempo.

Los dos quedaron callados mirándose en un silencio sepulcral lleno de dolor y rabia. Ese silencio lo recordaría Fali para siempre.

La vuelta a su barrio fue distinta a la de cualquier otro día, incluso cambiaron de camino, uno más largo. Querían aprovechar cada instante que les quedara para pasarlo juntos.

Pasaron justo por delante de la frontera con Gibraltar. Se quedaron ambos mirando el peñón, cogidos de la mano. En ese momento, la frontera era un batiburrillo de periodistas y así lo sería durante varios días más; la noticia del cierre de la verja atrajo a muchos periodistas hasta allí. Cuando llegaron a casa de ella, el reloj marcaba las nueve y media de la noche y en la puerta de la casa de Soledad sus padres se encontraban sentados hablando con otros vecinos, seguramente de la noticia del año. Al estar los padres de ella presente, no se dieron ningún beso de despedida y se dijeron: «Hasta mañana».

Esa noche fue la primera de muchas noches en vela que él pasaría pensando en ella. No podía quitarse de la cabeza que el día siguiente sería el último que estarían juntos, por lo menos hasta que volvieran a verse.

Sobre las cinco y media de la mañana, cansado ya de dar vueltas en la cama, decidió salir a dar un paseo por el barrio. Cuando pasaba justo enfrente de la puerta de su colegio, pasó una furgoneta cargada de periódicos y aparcó cerca de una tienda que había en el barrio que también vendían la prensa, y mientras el repartidor descargaba los periódicos, él le cogió la vuelta y robó un ejemplar de un periódico donde en la portada podía verse una foto del peñón y justo a su derecha: «ESPAÑA CIERRA SU FRONTERA CON GIBRALTAR». Al pasar a las páginas interiores podía verse una foto donde se les veían a ellos dos de espaldas cogidos de la mano. A algún fotógrafo le pareció buena instantánea e inmortalizó ese momento, que para ellos había sido tan privado. Arrancó la página y se la guardó en el bolsillo trasero de su pantalón corto. Durante varias horas paseó lleno de melancolía, no había nada que pudiera calmar ese dolor que tenía clavado en el fondo de su espíritu, solo le animaba un poco el saber que hoy pasarían todo el día juntos, pasearían y se darían todos los besos que no podrían darse en mucho tiempo.

Sobre las nueve de la mañana ya no podía aguantar más y se acercó a casa de Soledad. Hoy no había cabida para decoros hacia los padres, quería verla, y cuanto antes, mejor. Golpeó tres veces a la puerta, nadie contestó, volvió a llamar otra vez y la misma respuesta fue la que encontró, nadie detrás de la entrada a la casa. Cuando se disponía a llamar de nuevo, una vecina que vivía justo a la derecha se asomó y lo llamó.

—¡Niño, ven!

—¿No hay nadie?

—Se fueron esta mañana muy temprano, a los pobres les quedan muchas horas de camino y decidieron salir muy temprano para quitarse el calor de encima.

Fali sintió que algo le quemaba el pecho. Palideció en cuestión de segundos, no podía ser, ella le dijo que saldrían al siguiente día.

—Tú tienes que ser el que le habla a la cría, ¿verdad? Tranquilo, no lo saben sus padres, pero a una viejita como yo no se nos escapa cuando dos niños coquetean, tenemos ya mucha vida recorrida para no darnos cuenta de esas cosas.

—Supongo que sí, somos novios, o lo éramos hasta ayer. Me dijo que se iban hoy.

—Su padre las engañó para que no sufrieran con las despedidas, pensó que sería mejor así.

Los ojos del chico empezaron a brillar y le pidió que lo disculpara, que tenía que irse. Corrió y corrió hasta que llegó al castillo de ellos dos, aunque ahora solo era su castillo. Allí lloró con rabia durante horas, y cuando el dolor dejó vacío las cuencas de sus ojos llenas de melancolía, empezó a destruir su castillo, no dejó nada de él en pie, se llenó de cortes y de astillas, pero él no sentía el dolor, tanta era su rabia contenida que el dolor físico pasaba a un segundo plano. Cuando ya no quedó nada en pie se le desvanecieron las fuerzas y cayó sentado. Allí tirado en el suelo se sentía el chico más desdichado del mundo.

Capítulo 4
La mar, como verdugo

Verano del año 1981. El trío formado por el Rubio, el Negro y Fali volvían a salir de pasar otra noche en los calabozos. Estos tres se habían convertido en un grupo conocido entre los policías por sus hurtos. Empezaron cuando tenían unos catorce años y han ido labrándose un camino lleno de fechorías leves, pero cada vez iban subiendo el nivel de violencia en sus actos vandálicos. Al principio, solo lo hacían por rebeldía, pero cada vez necesitaban de más dinero y era por una razón que les había cambiado por completo su forma de vida.

Fali pasó por una depresión cuando Soledad abandonó La Línea de la Concepción, nunca recibió una carta de ella y él, sin saber su dirección, tampoco podía hacer nada por intentar escribirle, aunque realmente sí lo hizo. Varias cartas que escribía en esas noches que pasaba en vela mientras pensaba en ella. En estas le contaba lo mucho que la extrañaba y las ganas de volver a verla pronto. Una vez que amanecía, las volvía a leer y las metía en un sobre que siempre guardaba debajo de su colchón para que nadie las encontrase.

Una tarde calurosa de primavera, estando de servicio militar en Melilla, un conocido lo llevó a un descampado y le dijo que tenía en sus manos algo que quitaría las penas en un abrir y cerrar de ojos. Como podéis imaginaros, aceptó. Aún tenía muy presente la memoria de su amada, cinco largos años, y no podía dejar de oler su cabello o de ver sus ojos cuando él cerraba los suyos todas las noches al acostarse empapado en recuerdos lejanos que solo sabían hacerle cada día más daño a su ya flagelado corazón de adolescente. Ante la idea de poder quitarse por fin de su cabeza los recuerdos de ella, aunque solo fuera por un instante, Fali le pidió que, por favor, le pasara un poco de eso que le ofrecía este conocido suyo. Este diluyó la heroína y le pasó la jeringa a Fali, que desde ese instante pasaría enganchado a esta droga durante siete largos años en los que tuvo que robar, pedir limosna y hasta incluso traicionar a sus seres más queridos para poder tener una dosis diaria de esta sustancia que no llegó nunca a calmar su pesadez emocional, más bien la agravó.

Una mañana que soplaba un viento fuerte de levante, se despertó más o menos donde en su día estaba levantado su castillo. A su alrededor podía verse toda la parafernalia para poder inyectarse esa dosis que le estaba matando poco a poco. Él lo sabía y no quería hacer nada por evitarlo, mas su mayor dolor era que, por culpa de esta droga, ya no podía recordar los ojos de Soledad. Había perdido su olor, estaba perdiendo todo lo que le había importado algo en esta puñetera vida. Se levantó y lo primero que vislumbró fue el mar, estaba encrespado, las olas eran de un tamaño y una fuerza como hacía mucho tiempo que no se veía en este pueblo costero. Anduvo despacio, pero sin vacilación. Cuando llegó adonde alcanzaban las olas rotas por la furia de la mar, decidió acabar de una vez por todas con todo y la mar sería quién obrara como verdugo.

A lo lejos, un hombre de mediana edad que pasaba la tarde con sus cañas intentando pescar algo en ese mar, tan furiosamente envenenado con la parca de la muerte, vio como un chaval bastante delgaducho y con ropas deterioradas por el paso de la mediocridad humana se lanzaba sumergiéndose en una muerte segura perdiéndose en la marejada. Corrió todo lo que pudo hasta llegar al punto donde vio lanzarse al agua a ese joven. No podía verlo, solamente podía ver la espuma que provocaban las olas al chocarse entre ellas en una batalla que no parecía tener final. Fueron cinco minutos, tal vez diez; a él le parecieron una eternidad, pero cuando ya no tenía ninguna esperanza por el muchacho, una de las olas lo sacó de un solo golpe lanzándolo a unos tres metros de donde se encontraba él. Milagrosamente aún respiraba, aunque se encontraba inconsciente. Como pudo, lo trasladó hasta su casa que se encontraba relativamente cerca de allí.

Capítulo 5
Otro golpe del destino

Al despertar, confuso y dolorido, miró a su alrededor y no llegaba a saber dónde se encontraba. El sonido de las olas llegaba a sus oídos, y no de muy lejos; estaba cerca del mar y este trajo un leve recuerdo de lo que había ocurrido antes de perder el conocimiento: recordaba haberse lanzado en un ataque de nervios sobre la dura batalla que se fraguaba en las orillas que lo vieron de nacer.

—Hombre, por fin despiertas.

Fali se sobresaltó, no esperaba a nadie allí.

—¿Quién eres y qué hago aquí?

—Soy Ernesto y estaba pescando esta tarde tan tranquilo cuando te vi de lejos lanzarte al mar como si no hubiera un mañana.

—Para mí no hay un mañana.

—No hables tonterías, si debes tener unos cuarenta años.

—No, tengo veinticinco.

—Pues sí que estás hecho mierda, niño, ven, siéntate y toma un poco de caldo que me sobró del puchero.

Se sentaron a la mesa y ambos tomaron caldo caliente para cenar. La conversación se prolongó durante horas. Fali le contó lo que era de su vida en estos últimos años, Ernesto también hizo lo propio, le contó que él frecuentaba un grupo de hombres que habían dejado la bebida. No era la misma adicción, pero sí se trataba de una dependencia y pensó que tal vez él también podría dejar la heroína si asistía a estas reuniones. Él aceptó, pues sabía que, de seguir así con su vida, esta acabaría más pronto que tarde.

Juntos salieron a dar un paseo. El temporal que hacía bailar las olas entre ellas había descendido considerablemente. Fali le contó lo solo que se sentía, tenía amigos, pero estos estaban igual o peor que él. También entró en escena Soledad y Ernesto la usó como excusa perfecta para terminar de convencerle para que dejara la droga de una vez por todas.

A la mañana siguiente, Ernesto lo acompañó a desayunar y les presentó a varios de los compañeros de fatigas, como él los llamaba. Se sintió cómodo allí con hombres algo más mayores que él. Sentía que ellos podrían protegerle e incluso ayudarle a soltar las cadenas que la heroína tenía atada a sus pies.

Ernesto y Fali enseguida congeniaron, la diferencia de edad entre ellos dos sirvió de pieza clave para que uno le aportara al otro cosas que por uno solo no llegaban a tener. Ernesto aportó las ganas de vivir, el conocimiento que se adquiere al cabo de los años. Fali aportaba el intelecto alcanzado durante los años buscándose la vida en las calles.

La idea de fundar una asociación para ayudar a otros, al igual que Ernesto había ayudado a él, se la contó una mañana mientras desayunaban en una famosa pastelería de la calle Real. Mientras Fali mordisqueaba una de las japonesas rellenas de crema pastelera, le contó su idea; a su amigo le pareció una maravillosa iniciativa.

—Pues aquí me tendrás para lo que haga falta.

—Pues a eso mismo quería llegar. Ha salido un curso de contabilidad y es en Sevilla, creo que de alguna manera tengo que ganarme la vida, es solo un curso, pero por algo se empieza.

—Está claro que no puedes ayudar a los demás si primero no estás tú en perfectas condiciones mentales y económicas. Me parece una gran idea.

Durante el siguiente año, Ernesto llevaba hasta Sevilla a Fali dos veces en semana, así durante todo el tiempo que duró el curso. La última semana Fali tuvo que quedarse en Sevilla, ya que era la fecha de los exámenes y los tenía durante los cinco días de la semana. Un pequeño apartamento en el barrio de Triana fue donde pasó esa semana solo. Se había acostumbrado a vivir acompañado del que se había convertido en su amigo inseparable. Ernesto lo acogió en su casa el mismo día que lo recogió en la playa del levante y desde entonces fueron uña y carne. Las noches esa semana fueron duras para él, la soledad es un veneno que quema desde lo más profundo del corazón y su corazón para eso ya no tenía antídoto con el que curarse.

La semana pasó y Fali aprobó el curso y con el diploma que le dieron se le abrían las puertas para una vida laboral que hasta entonces era inexistente.

Sentado en la terraza de una cafetería, esperaba la llegada de Ernesto, que llegaría desde La Línea sobre las 10:00 a. m. Las horas pasaban y su amigo no llegaba. Sobre las 12:30 p. m. llegó la casera del apartamento donde Fali estuvo hospedado durante la semana, venía acompañada de dos agentes de la policía nacional.

—Fali, estos agentes quisieran hablar contigo.

—Claro, ¿pasa algo, agentes?

—Siéntese, por favor, lo que vamos a comunicarle es bastante duro de oír. —Fali tomó de nuevo asiento—. En la carretera que lleva desde Jerez de la Frontera a Sevilla, justo antes de pasar por Los Palacios, un vehículo Renault 4 l, rojo, con matrícula CA-5163-P, ha tenido una colisión con otro vehículo que venía de frente y el conductor del Renault ha fallecido en el acto. En el bolsillo de su camisa traía en una nota la dirección del piso de la señora y hemos supuesto que se dirigía hasta aquí y al llegar ella nos contó que usted le estaba esperando y que se encontraría aquí.

—No puede ser, si... —Fali entró en un ataque de nervios y empezó a tirar todo lo que se encontraba en su camino: mesas, sillas, vasos. Tal era el punto que alcanzó que a los dos agentes no les quedó otra que llevárselo detenido.

Pasó la noche en uno de los calabozos de la ciudad de Sevilla. Allí, sentado en el frío suelo, pasaba el duelo por su amigo. Su compañero de celda no dejó de mirarlo fijamente hasta que Fali le preguntó.

—¿Qué miras tú?

—Me preguntaba por qué estás aquí.

—No te interesa.

—No, la verdad, pero solo quiero hablar y pasar el tiempo que estemos aquí algo más entretenidos, yo aquí y tú ahí. ¿Por qué no hablar y pasar mejor noche?

—He provocado un altercado, me dieron los agentes la noticia de que mi amigo, el que venía a recogerme a Sevilla, ha tenido un accidente de tráfico y ha fallecido.

Este frunció el ceño, se acercó a él, le agarró del hombro y le preguntó:

—¿Y no lloras la muerte de tu amigo?

—Aprendí hace mucho a guardarme las lágrimas.

—Pues no llorar las penas por miedo a morir ahogado en ellas es igual de estúpido que no querer recordar los momentos felices por miedo a olvidar.

Fali entonces cerró los ojos, abrazó a su compañero de celda y ahí, junto a este desconocido, ahogó su alma con lágrimas nuevas que sollozaban por su amigo fallecido. Otra cicatriz para su maltrecho corazón.

Capítulo 6
Feliz cumpleaños

—Buenas tardes. Mi nombre es Rafael, aunque todo el mundo me conoce por Fali. Hoy hace treinta y siete años que ya no consumo. La heroína llegó a mi vida cuando pasaba por una depresión. En esos momentos de debilidad pensaba que me hacía un bien, en ese entonces no teníamos tanta información sobre las drogas como se tiene hoy en día. No me quiero excusar con esto, pero es la verdad, hoy en día se educa desde pequeños sobre este tema y todos sabemos lo que conlleva el drogarse. Pero somos débiles y aun con todo lo que sabemos caemos en su trampa. Solo quiero deciros que si estáis aquí es porque queréis salir de ese pozo y ya os digo que podéis porque, si yo pude, vosotros también. Claro está que el camino no será fácil, más bien todo lo contrario, sentiréis como si os comiera por dentro, tendréis la necesidad de consumir durante mucho tiempo, pero yo estaré aquí para todos y a cualquier hora que me necesitéis solo tenéis que llamarme y yo acudiré en vuestra ayuda porque sin apoyo ya os digo yo que es muy difícil salir de la oscuridad. A la oscuridad solo se le combate con luz y yo voy a ser esa luz que os alumbre en vuestro camino hacia el triunfo de la independencia de esta puñetera mierda que entró en vuestras vidas con la excusa de ayudaros. Pero yo solo no puedo hacer gran cosa si vosotros no ponéis de vuestra parte. Como ya os he dicho, va a ser difícil, yo mismo recaí, mi luz fue un gran amigo que se llamaba Ernesto. Junto a él fui capaz de encontrar ese brillo al final del camino, pero un accidente de tráfico me lo arrebató cuando llevaba dos años sin consumir. Caí en una depresión y con ello recaí en la heroína. Fue solo una vez; no obstante, caí y no me siento nada orgulloso de ello. Solamente espero que mi experiencia os pueda ayudar para conseguirlo. La vida es una mierda muchas veces, por no decir la mayoría de los momentos, pero no podemos dejarnos vencer, si estamos aquí tenemos que luchar y dejarnos de hacernos las víctimas, no les dais pena a nadie y por ellos debéis luchar por vosotros, porque lo más importante de vuestras vidas sois ustedes mismos. Hacerlo por ustedes y seréis recompensados con la vida que os fue arrebatada cuando confiasteis en esa mierda que os prometieron una vez que os ayudaría y solo ha conseguido arrebataros todo lo que un día teníais y poco a poco de vuestras vidas ha ido desapareciendo en ese pozo del que parece no tener final y donde a menudo parece caber cualquier cosa que aún quede en esta vida que nos importe.

Todos los presentes en la reunión se pusieron en pie y empezaron a aplaudir, algunos con lágrimas en los ojos, otros como si las palabras pronunciadas no fueran con ellos.

—Siempre el mismo discurso, Fali.

—Cuando algo funciona, para qué cambiarlo, ¿no?

—¿Lo dices por el discurso o por tu móvil?

—Te juro que este mes lo renovaré.

—¿Un café?

—Tengo que terminar de rellenar algunas de las solicitudes de inscripción de los que han llegado hoy, tardaré más o menos una hora, si quieres, nos vemos allí sobre las siete y cuarto

—Perfecto, allí te espero, no vayas a tardar.

Andrea se dio media vuelta y fue directa a la puerta que daba a la calle. Fali la observaba desde atrás como un padre podría mirar a su hija. Él siempre decía que para muchos era ese padre que no había estado ahí y Andrea fue una de esas chicas que llegaron a la asociación bastante hecha polvo y con mucho sacrificio pudo salir del mundo de las drogas y desde entonces echaba una mano en todo lo que podía a Fali.

Con los años, Fali llegó a ser muy conocido en La Línea de la Concepción, un pueblo que fue muy castigado en décadas anteriores por las drogas, y gracias a personas como él, muchos chicos y chicas pudieron lograr soltarse de esas cadenas que los tenían atados, aunque muchos de los que llegaban por esas puertas volvían a salir buscando la calma que el vicio les proporcionaba, y los que no conseguían salir, la mayoría de ellos morían por alguna enfermedad causada por infecciones o por alguna sobredosis.

Abstraído en sus pensamientos, con las manos en los bolsillos de su pantalón vaquero y la vista enfocada solo en sus Converse blancos, Fali paseaba de camino al bar donde solían quedar parte de los voluntarios de la asociación de desintoxicación. Algo lo obligó a parar, por poco se tropieza con una madre que llevaba a su bebé en el carrito y, cuando alzó la vista, se encontró con el portón trasero del que fue en su día su colegio. Una brisa fresca del levante pasó por su lado haciendo que se le erizaran los vellos del cuerpo. Mucho tiempo que no pasaba por allí, mas ese no era su camino habitual y después de muchos años, allí parado, cerró los ojos, respiró profundo y fue justo ahí donde se fundieron apasionadamente en ese beso de amor juvenil, donde logró evocar por fin el olor de su cabello, el tacto de su piel, el color de sus ojos y el sabor de sus labios. Por fin la vida le devolvía el recuerdo de su amada Soledad. Una lágrima resbaló por su cara cuando abrió los ojos y sonrió igual que lo hacía antaño cuando solo era un niño sin preocupaciones de la vida y sin cicatrices en el corazón.

Cuando llegó al bar donde habían quedado, se percató de que había más compañeros de lo normal en la mesa donde estaban todos esperándolo. Se acercó poco a poco, pues tenía que ir parando para saludar a muchos asiduos del local, cuando por fin logró llegar a la mesa donde estaban varios de sus compañeros todos se pusieron en pie y gritaron a la vez:

—¡Feliz cumpleaños!

Todos aplaudían felices por conseguir darle la sorpresa a Fali.

—Ni me acordaba de que hoy es mi cumpleaños, ¡muchas gracias por la sorpresa!

—Te hemos hecho un regalo entre todos, esperamos que te guste.

Al abrir el regalo, se encontró con un teléfono de última generación.

—Por fin vas a poder hablar por WhatsApp y tener un perfil en Facebook.

—Al final os vais a salir con la vuestra y me voy a tener que abrir un Facebook de esos.

La tarde que pasaron allí celebrando su cumpleaños fue espectacular, podría decirse que la mejor tarde de su vida desde que consiguió salir de las drogas, entre la fiesta sorpresa y el maravilloso reencuentro con el recuerdo de Soledad.

El reloj marcaba las 1:45 a. m. cuando Fali entró por la puerta de su casa. Aún vivía en la vieja casa de sus padres, aunque ahora era él el que tenía que cuidar de ellos, no precisaban de muchos cuidados porque aún podían valerse por ellos mismos, pero era Fali el que hacía la compra y limpiaba la casa. Sus hermanas se casaron y tuvieron algunos hijos que él quería con locura, el tito Fali siempre tenía alguna historia que contarles cuando ellos eran pequeños. Todavía, de vez en cuando, algunos de sus sobrinos se pasaban por la casa de los abuelos a visitarlos, y eso a él le alegraba el día. Cuando entró en su habitación, se encontró con una de sus sobrinas sentada en su cama. A la izquierda de ella, el montón de cartas escritas por él para Soledad que nunca se llegaron a enviar. En los ojos de su sobrina un camino pausado de lágrimas le caía por el rostro.

—¡Qué haces con eso!

—¿Las escribiste tú, Tito?

—Eso no es asunto tuyo, guárdalas donde estaban, y ¿qué haces aquí, cómo que no estás en tu casa?

—Discutí con mi novio y no sabía adónde ir y pensé que no te importaría que pasara la noche aquí.

—Claro que no me importa, pero guarda eso, por favor.

—Yo las guardo, pero me tienes que contar quién es esta tal Soledad.

Él la miró fijamente, creyó que tal vez todo encajaba en ese momento, por algo el destino le había regalado el día de su cumpleaños la unión de todos sus sentidos para devolverle, aunque fuera solo por un instante, a Soledad.

—Si bajas y haces algo de café, puede ser que te lo cuente.

A los cinco minutos, ella subió a la habitación con dos tazas humeantes de café con leche. Allí pasaron varias horas hablando, él no solo le contó la historia de cómo conoció a su novia de adolescente, sino que le contó también cómo cayó en la droga y cómo logró salir. Esa historia siempre fue tabú en la familia, pero hoy no era día para callar nada, era noche de revelaciones entre él y su sobrina, aunque sentía que no solo se abría a ella, también hacía las paces con el destino.

—Y ¿por qué nunca la buscaste?

—Por dónde podría haber empezado a buscarla, si nunca recibí una carta de ella con su nueva dirección.

—No sabemos si, por lo que sea, no pudo escribirte, ¿te acuerdas de su nombre completo?

—Claro, cómo no acordarme: Soledad Seliva García.

—Dame un minuto.

Cristina, que así se llamaba su sobrina, sacó su móvil y abrió la aplicación de Facebook y buscó el nombre completo de Soledad. Solamente aparecieron dos perfiles, uno sin foto y otro con su foto de perfil.

—Soledad Seliva García, vive en Nerja, Málaga.

—Que yo supiese, se mudaban a Barcelona.

Ella le pasó su teléfono y sus manos empezaron a sudar, ¿sería ella la del perfil? No tenía un apellido muy común y solamente salieron dos perfiles, que, según su sobrina, serían probablemente de la misma persona.

—Muchas veces pierdes la contraseña y cuando cambias de móvil tienes que volver a hacerte una nueva cuenta.

Él miró la foto. Sin duda, era ella; una voluminosa sonrisa se dibujó en su cara. Hoy era día de sonrisas.

—¿Y dices que por aquí puedo contactar con ella?

—Claro, ahora mismo creamos tu perfil y le escribimos un mensaje. Péinate. que te voy a sacar una foto bien guapa para que ella vea lo precioso que es mi tito Fali.

—No, no, ni hablar, cómo va a verme con estas arrugas y estas canas, no me va a conocer, es más, ella ni se acordará de mí, mejor dejar las cosas como están y listo.

—Llevas toda la vida queriendo saber de ella, y ahora que puedes contactar, ¿no lo vas a hacer?

—No considero que sea apropiado ya a mi edad ir andando detrás de novias de la niñez.

—Deja de pensar qué es y qué no es apropiado para tu edad, te mereces saber qué pasó, por qué no te escribió nunca.

—De verdad, sobrina, dejemos esto pasar, será lo mejor.

—Bueno, si no quieres, no te voy a obligar, pero la cuenta de Facebook sí te la voy a crear. A ver esa foto, ¡sonríe!

En cinco minutos ya tenían la cuenta de Facebook generada y ella fue mostrándole cómo funcionaba, mandaron solicitudes de amistad a todos sus amigos.

Ya era muy tarde y decidieron irse a dormir, pero su sobrina, en un despiste de su tío, le mandó la solicitud de amistad a Soledad y un mensaje privado. Ya estaba hecho, él no lo sabía, pero si ella quería saber de él, ella misma daría el paso de contactar con su tío.

Capítulo 7
Soledad

9 de junio del 1969. Eran las 2:00 a. m. cuando Soledad escucha hablar a sus padres. La noche era bastante calurosa y el calor fue el causante del desvelo. Abajo en el salón se podían oír claramente a sus padres hablando de su partida, pero algo dijo su padre que la hizo entrar en alarma.

—Saldremos a las seis de la mañana de hoy mismo. No quiero espectáculos de llantos de la niña con sus amigas, y menos con el niñato ese con el que anda últimamente.

Soledad quedó helada, no sabía qué hacer, si salían a las seis como decía su padre, no iba a poder despedirse de Fali. Se levantó despacio para no hacer ruido, fue en dirección a la alcoba de sus padres, la cama aún se encontraba perfecta, sus padres ni se habían tumbado todavía esa noche en ella. Buscó por toda la habitación alguna pista que le proporcionara exactamente la dirección de donde se mudaban. Al abrir la mesita de noche de su padre, encontró un sobre con el logo de una empresa. Abrió el sobre; en él se podía leer las condiciones del trabajo que había aceptado su padre. Después de dos hojas, un recorte de no más de unos diez centímetros se podía leer una dirección y detrás, con la letra de su padre, «nuestra nueva casa». Apuntó la dirección, se marchó a su dormitorio y empezó a escribir una carta para Fali. En ella le contaba lo mucho que sentía no poder despedirse de él, lo mucho que lo echaría de menos. Recordó el día que lo conoció, ese beso en el portón de atrás del colegio el día que se volvieron a ver; también le contaba que su padre se había dado cuenta de que eran novios. Le propuso entonces que no le mandara cartas hasta pasado un mes para que él creyese que ya estaba olvidado.

Te dejo aquí la que será mi nueva dirección, escríbeme en un mes, si no lo haces, lo entenderé.

Ella sabía que la distancia podía hacer que todo se partiera en mil pedazos. Metió la carta en un sobre y salió por la ventana de su cuarto. Eran las 2:30 a. m., pero tenía que dejarle la carta a Fali para que supiera de ella.

Anduvo por las calles de su barrio, echándolo ya de menos antes de dejarlo atrás. La Luna menguante era su única observadora, pero en ella podía confiar.

—Cuántos besos nos hemos dado bajo tu luz y nunca has dicho nada.

Al llegar a la puerta de la casa de Fali, le asaltaron las dudas. ¿Y si sus padres vieran la carta antes que él? ¿Se la darán o la tirarán a la basura? Entonces pensó que aún tenía tiempo de llegar hasta su castillo, la dejaría allí y cuando él fuera la podría leer. Cuando llegó a su castillo, se sentó dentro unos minutos. Allí, lloró por lo que dejaba atrás y por los momentos vividos allí dentro. Dejó la carta y sabiendo que ya no entraría allí nunca más.

Cuando llegó a su casa, entró de nuevo por la ventana, se quitó la ropa, se puso el pijama, pero no llegó a dormir en lo que quedaba de noche. A las cinco y media entró su madre en la habitación para despertarla, pero ella estaba sentada en la cama, miró a su madre a los ojos y se fundieron en un abrazo que dejó soltar las pocas lágrimas que quedaban en sus ojos tristes que ya anhelaban los años de infancia que dejaban atrás.

Capítulo 8
Tiene un mensaje nuevo

Unos leves rayos de sol se colaban entre las persianas de la habitación. La ubicación de esa ventana fue decisiva para la elección de ese piso: una ventana mirando al sur y con vistas al mar, ese mar que tanto había echado de menos y del que juró que no se volvería a separar. Abrió los ojos y miró cómo entraban esos rayos de luz que la despertaban cada mañana. Fue a la cocina, se preparó un café, se lo tomó en la ventana de su dormitorio. Miraba al mar y disfrutaba de cada sorbo que tomaba, se acercó a su mesita de noche a coger su móvil, la hora marcaba las 7:17 a. m. y justo debajo dos pestañas de Facebook:

(Solicitud de amistad de Rafael Gómez)
(Mensaje de Rafael Gómez)

Durante un segundo quedó paralizada, sin respiración, ¿cuántos años habían pasado? Por un instante, se planteó pasar del mensaje y de la solicitud, pero le picó el gusanillo. ¿Qué podría poner en el mensaje? Y, en su interior, quería saber qué había sido de su primer amor. Desbloqueó el móvil marcando el número 11300, dio un nuevo sorbo a su café ya templado y abrió la aplicación de Messenger Facebook, pero antes de leer el mensaje, miró la foto de perfil. Allí estaba Fali. «Mi Fali», pensó sin darse cuenta, pero lo pensó, y ahí se dio cuenta de que aún había un resquicio de amor, un amor añejo que parecía muerto; aun así, todavía palpitaba en su ya maltrecho corazón. Abrió el mensaje:

Buenas. mi nombre es Cristina, soy sobrina de Rafael, aunque creo que usted lo conoció por Fali. Le escribo yo y no mi tío porque él no sabe nada. Supone que usted estará casada y tendrá su vida hecha y no quiere molestarla. Sin embargo, yo opino que usted le debe por lo menos una explicación, el porqué nunca le escribió para decirle cuál era su nueva dirección y así él poder mandarle todas esas cartas que durante años estuvo escribiéndole. No le pido nada más, solo una simple explicación por su parte de qué pasó para que vuestro amor se acabase de esa manera y lo dejara maltrecho durante mucho tiempo. Un cordial saludo desde La Línea de la Concepción.

—Entonces, ¿nunca llegó a leer mi carta?

Soledad quedó perpleja ante las palabras de esta chica. Si era cierto lo que ella decía en el mensaje, por fin tenía una respuesta al porqué Fali nunca le escribió.

—Quizás cometí el fallo de dar por seguro que Fali encontraría mi carta y sabría dónde escribirme. Después de tantos años echándole la culpa a él y solamente tendría que haber mandado una carta desde Barcelona… Nunca me lo perdonaré. Creo que llegó la hora de volver a mi pueblo, a mi Línea querida. Volver a él.

Capítulo 9
El regreso

Todo pasó muy deprisa, pero esa despedida también lo fue, mas no hubo jamás un adiós entre ellos dos, desde ese último cruce de miradas en la puerta de su antigua casa, cuando estaban sus padres delante de ellos dos, haciendo imposible un beso.

—Qué daría por volver atrás y darte ese beso, ganarme el castigo de mis padres… Ni la mayor de las condenas podría doler tanto como dolió esa noche, mis labios suplicaron un beso tuyo que jamás llego.

De camino en el autobús, buscó alojamiento para un par de noches; un hotel que se encontraba cerca de la frontera con Gibraltar sería donde se hospedaría. Cuando quiso darse cuenta, el autobús cogió la salida a La Línea. Un cruce, una rotonda y empezó a verse su pueblo. Ahí estaba mucho más grande de como lo dejó, pero el peñón seguía donde siempre. Lloró de alegría y también lloró de pena, por los años sin pasar por allí. Bajaron por la carretera del Higuerón, pasando por la calle del cementerio, que no tenía nada que ver a como la recordaba; realmente nada lo era en su pueblo. Cuando bajó en la estación de autobuses, todo en su interior parecía ponerse en orden. El mar allí olía distinto, una mezcla de salitre y esperanza llenaba sus pulmones y le daba fuerzas para afrontar el momento de reencontrarse con Fali. No dijo nada a nadie de su visita, ni se molestó en contestar al mensaje, pensaba que esas cosas había que hacerlas de frente, y allí se encontraba ella, paseando por un paseo marítimo, el de la playa de poniente, nuevo para ella, como casi todo lo que iba encontrando por su camino.

Pasaban de las ocho y media de la tarde cuando llegó al que era su barrio. Las casas estaban, por lo general, idénticas, a salvo de los colores de cada una de las viviendas. Encontró la puerta de la que fue su colegio, buscó la casa donde ella vivió esos años de niñez; frente a ella, sonrió. No podía creer lo que veía, el naranjo que estaba frente a su puerta, del que tantas veces recogió naranjas agrias para elaborar mermelada, aún seguía en pie. No lo abrazó por vergüenza, pero se moría de ganas de hacerlo. Continuó con su paseo hasta llegar al número cuarenta y nueve. Dudó unos segundos. ¿Y si ya no vivía allí? El camino que le quedaba hasta la puerta era de diez pasos, tardó cinco minutos en llegar hasta ella y cuando por fin parecía decidida a llamar al timbre, se dio media vuelta para marcharse, pero en el giro chocó con un hombre. Él la ayudó a levantarse, le pidió disculpas por el encontronazo y allí, cincuenta y tres años después, sus miradas, sus respiraciones, sus corazones se encontraron en una casualidad a medias y ninguno de los dos supo qué decir ni qué hacer.

Capítulo 10
El reencuentro

—Soledad, ¿eres tú?

La voz que salió de él temblaba por pura emoción, pero esa pregunta, de la que él ya sabía la respuesta, no tuvo contestación alguna. Ella le miró, sintió el peso de culpa por esa carta jamás leída y huyó como alma que lleva el diablo. Él se giró mientras la seguía con la mirada, intentó correr detrás de ella, pero algo dentro le hizo parar, no supo si fue por respetar su decisión de huir o por rencor hacia ella. Nunca en ningún momento de su vida sintió rencor alguno hasta ese momento.

Abrió la puerta de su casa y se fue directamente a su dormitorio, se sentó en la silla de su escritorio donde tantas veces se había sentado a pensarla, a imaginarla junto a él. Muchos años que no tenía aún presente su recuerdo, había aprendido a vivir sin recordarla.

«¿Por qué ha venido ahora?», se preguntaba.

Dejó que las horas pasaran y que el reloj colgado en la pared le aconsejara qué hacer. Cuando la tarde empezó a caer y amenazaba el crepúsculo, decidió ir a pasear. Imaginó que el aire que traía el poniente ayudaría a restablecer sus pensamientos. Anduvo durante más o menos una hora hasta que llegó a lo que fue su antiguo barrio, del que ya no quedaba nada como era cuando él vivía allí, a excepción del mar, y allí se sentó mirando a ese mar, testigo de tantos acontecimientos de su vida. Recordó cómo conoció a Soledad y cómo allí mismo pudo perder la vida el día que se arrojó en él, dejando el destino de su futuro en manos de un verdugo que no quiso acabar con él; más bien lo que quiso fue arrojarlo en las manos de su salvador al que tanto le debía. Pasaron solo unos minutos cuando giró la vista hasta donde se encontraba el cañito, allí estaba impasible viendo pasar el tiempo, allí encima de sus piedras amontonadas vio sentada a Soledad. La miraba desde la lejanía y disfrutaba de cada segundo, pues una paz inmensa se apoderó de él.

—Quizás, el corazón nunca olvida.

Se puso en pie y anduvo lentamente, primero hasta la orilla y una vez allí se quitó los zapatos y caminó hasta el cañito mojándose los pies durante su pequeño paseo por la orilla.

Soledad llegó hasta el cañito por instinto. Alucinó cuando lo vio, no pensaba que aún ese montón de piedras seguiría allí después de tantos años. Llegó con los ojos llenos de lágrimas, y sentada en sus piedras, pasó la tarde mirando el mar. Cuando el ocaso amenazaba con llevarse el sol que le brillaba por la espalda, decidió despedirse de esa playa de la que tantos buenos recuerdos tenía de su infancia y recuerdos de su relación con Fali. Se puso en pie y giró la cabeza para mirar al peñón y allí lo vio, caminando por la orilla. Venía aún lejos, pero sabía que era él, recordaba esos andares como si los hubiera visto ayer, y esta vez no se puso nerviosa, esta vez la envolvió una paz que no recordaba. El tiempo que duró el paseo de Fali hasta ella, sonaba de fondo la melodía del mar. Le esperó. No sabía qué le diría, pero esta vez no saldría corriendo, afrontaría lo que el destino le tuviera guardado para ese momento, total, llevaba esperando este momento desde que tuvo que partir de su pueblo allá por el 1969.

—Siempre imaginé que te vería aparecer a lo lejos, tu pelo meciéndotelo el viento, zarandeando tus caderas con tu paso vacilante. Pero encontrarte así, de frente, con tus ojos a cinco centímetros de mí, mucho mejor que cualquier cosa que pudiera haberme imaginado, aunque un segundo después salieras corriendo. Me alegro de verte.

—Siempre has sido igual de zalamero, no has cambiado nada.

—Intento que mi espíritu siga joven. ¿Qué te trae por aquí después de tantos años?

Ella le miró a los ojos, pensaba que era increíble cómo el tiempo había cambiado sus cuerpos, sus rostros, pero no había podido con sus ojos, seguían brillando como antaño, quedó callada por unos segundos, como si pensara qué contestarle y esta vez no dudó ni un instante.

—He venido a verte, aunque me he puesto algo nerviosa y salí corriendo, pero sabía que vendrías a por mí.

—¿Y por qué ahora, después de tantos años?

—Hay cosas que explicar, cosas que tienen que aclararse, y entenderé si no quieres escucharme.

—Tengo todo el tiempo del mundo, pero déjame que suba a las piedras, el agua empieza a ponerse más fría cada minuto.

Fali subió a las piedras y se sentó a medio metro de ella. Se quedaron mirándose los dos, él se moría por besarla. Los años no pudieron arrebatar la pasión juvenil que, aunque dormida durante años, con solo una mirada de ella volvió a arder como cuando eran unos críos.

—¿Recuerdas nuestro último día juntos? dijo ella.

—Como si fuese ayer mismo.

—Pues es sobre ese día de lo que quiero hablarte, o más bien, de esa noche. Ayer por la mañana, cuando desperté, tenía un mensaje en el móvil, eras tú, o más bien fue tu sobrina.

—¡A esta niña la mato, mira que le dije…!

—Por favor, Fali, déjame explicarte y después hablas lo que quieras. En el mensaje ella me pedía explicaciones de por qué nunca te escribí una carta dándote mi nueva dirección y ahí se me vino el mundo encima, porque por un giro inesperado del destino dejamos de tener contacto.

—¿Inesperado, dices? Estuve años esperándote.

—¿Quieres que te cuente lo que pasó esa noche o no?

—Perdona, sigue, por favor.

Soledad contó con todo lujo de detalles lo que ocurrió esa noche. Asumía la culpa que le pertenecía.

—Esa mañana, me levanté muy temprano porque no podía dormir, el saber que te perdería me tuvo en vela. Sobre las nueve de la mañana pasé por tu casa, no podía esperar más para verte. Cuando llegué, tu vecina, la Joaquina, que en paz descanse, me dijo que ya habíais salido. El mundo se me desplomó en ese instante. Salí corriendo hasta el castillo y de la misma impotencia… lo destruí y, por lo que veo, también destruí la carta.

—La tendría que haber dejado en tu casa.

—Éramos unos críos y en aquella época era normal que tuvieras miedo de que se enterasen de lo nuestro.

—Sí, supongo.

Ambos se miraron a los ojos y sonrieron. No quedaba hueco en sus corazones para reproches, se pusieron en pie, se abrazaron y lloraron, pero esta vez eran lágrimas de alegría, felices por un reencuentro que ha tardado más de lo que ellos hubieran querido. El destino les alejó el uno del otro y la vida los volvía a unir casualmente en el mismo sitio donde se conocieron.

Pasearon por la playa con la noche cayéndoles encima. Ella miraba con entusiasmo cada pequeña ola que rompía en la orilla y él observaba con fervor a la mujer en la que se había convertido su novia de la infancia. Hubo un instante en el que se agarraron de las manos, no podría deciros si fue él o ella quien agarró primero; lo que sí sé es que ninguno hizo por soltar al otro. Llegaron andando hasta la frontera y allí cesaron los pasos.

—Fali, tienes que contarme qué ha sido de tu vida porque la mía ha sido como para escribir un libro.

Fali rio a carcajadas.

—Pues anda que la mía… Te lo cuento todo con una condición: te invito a cenar.

Ella no contestó, solo se acercó y lo besó.

Y así, abrazados por la luz de la luna y el frescor que traía el viento de poniente, sellaron su reencuentro con un tierno beso de amor bajo las miradas y sonrisas de los que por allí pasaban a su lado, testigos de esta pareja de novios que han encontrado su final romántico cincuenta y tres años después.

Fin

Esta historia ha salido de la mente del autor. Cualquier parecido con la realidad es simple casualidad, quitando claramente los hechos históricos del cierre de la verja transfronteriza entre España y Gibraltar.

Agradecimientos

Me gustaría agradecer a todos los que me han apoyado a escribir. Esta es mi primera novela corta y me siento muy orgulloso. A mi mujer por su cariño y paciencia, por aguantarme cada día. Álvaro, que siempre está el tío ahí dando ánimos para que siga escribiendo. A los profesores y profesoras del CEPER Almadraba (en especial, a su director, Juan y a Gardenia) por la gran labor que hacen cada año con sus alumnos (yo mismo fui uno de ellos) y a todos los que me siguen por redes sociales en mi perfil de Hoguera de letras.

Muchas gracias.

Índice